fiesta de bienvenida para el bebê

Nombre	Regalo

Nombre	Regalo

Nombre	Regalo

Nombre	Regalo

Nombre	Regalo

Nombre	Regalo

Nombre	Regalo

Nombre	Regalo

Nombre	Regalo

Nombre	Regalo

www.ingramcontent.com/pod-product-compliance
Lightning Source LLC
Chambersburg PA
CBHW041546290426
43661CB00100BB/1300
9781839905070